AF450632

LE GRAND LIVRE DES PEINTRES

SCULPTEURS, DESSINATEURS, ETC.

LE DESSIN
APPRIS SEUL
pour UN franc

OUVRAGE ORNÉ DE SIX PLANCHES-MODÈLES

PAR

J. DE LA ROCHENOIRE

Peintre d'Histoire, Membre de l'Association des Artistes Peintres, Rédacteur de plusieurs
Journaux, Revues, etc.

Éclairer sans maîtriser,
Voilà notre devoir.

DEUXIÈME PARTIE.

N° 5

PARIS

MARTINON, LIBRAIRE-ÉDITEUR,

14, rue de Grenelle-Saint-Honoré.

DURANDIN, GALERIE VIVIENNE, 46.

1857

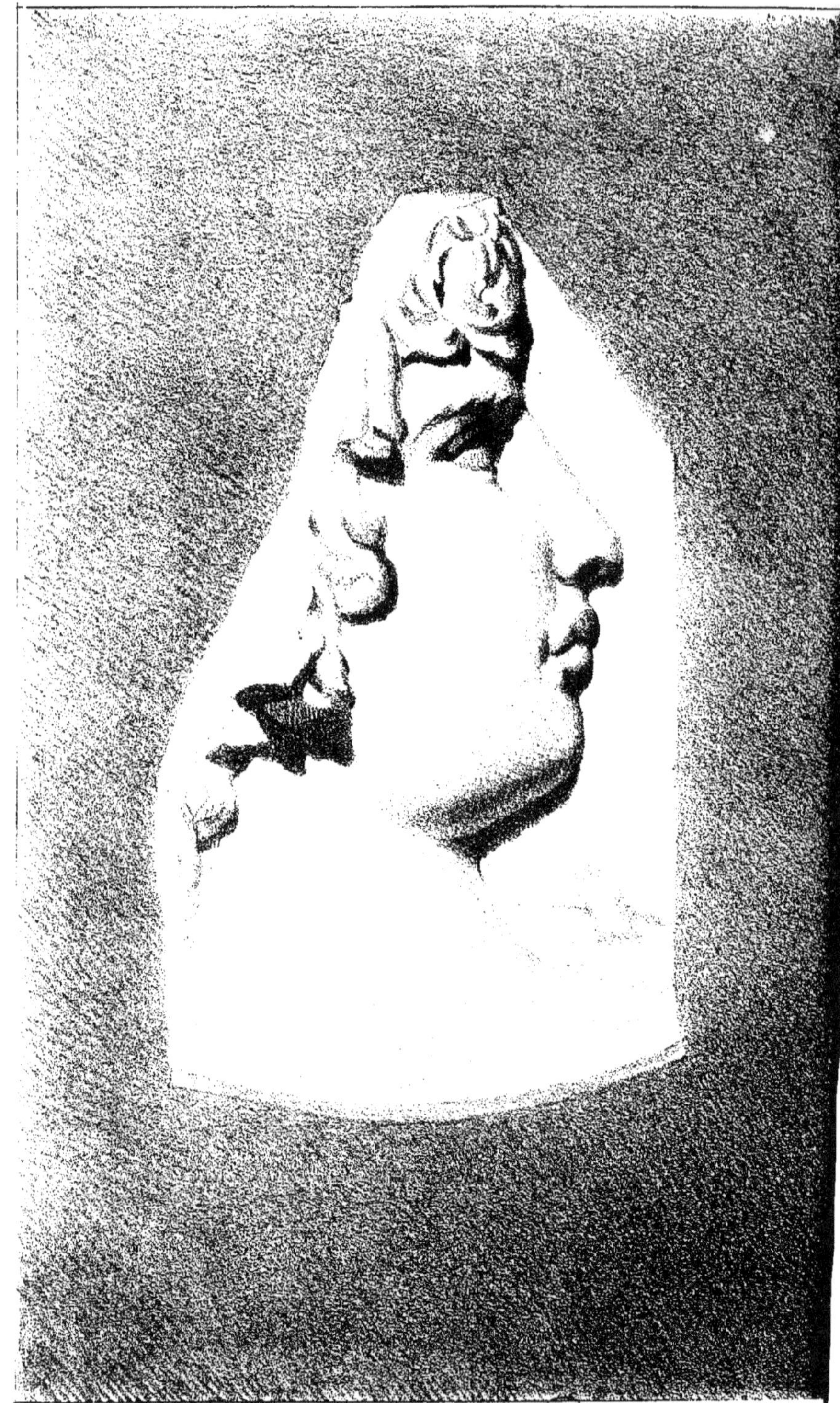

J de la Rochenoire, del.   Lith. de Vayron, r. Galande, 51, à Paris.   Sevestre.

LA BOSSE.

LE GRAND LIVRE DES PEINTRES

SCULPTEURS, DESSINATEURS, ETC.

LE DESSIN
APPRIS SEUL

pour UN franc

OUVRAGE ORNÉ DE SIX PLANCHES-MODÈLES

PAR

J. DE LA ROCHENOIRE

Peintre, Membre de l'Association des Artistes Peintres, Rédacteur de plusieurs
Journaux, Revues, etc.

Éclairer sans maitriser.
Voilà notre devoir.

DEUXIÈME PARTIE.

N° 5

PARIS

MARTINON, LIBRAIRE-ÉDITEUR,
14, rue de Grenelle-Saint-Honoré.
DURANDIN, GALERIE VIVIENNE, 46.

1857

TABLE DES CHAPITRES.

INTRODUCTION.

LIS !

BROUSSAIS.

C'en est donc fait ! encore un livre..... Oui, chers élèves, puisque je vous ai promis la seconde partie de mon Traité du Dessin appris seul.

Quoique la douce et noble carrière de peintre me soit peut-être fermée à tout jamais, je veux répandre et faire germer en vous toutes les grandes idées que mon imagination a bercées, et j'ose croire que le bénéfice que vous en retirerez me récompensera de mes peines. Je vous offre donc aujourd'hui

1

un résumé précis et succinct de la première partie de mon ouvrage, et je le développerai d'autant mieux que je pense l'avoir établi sur des bases solides.

C'est l'étude de la nature et son interprétation, la vue et l'amour des œuvres des maîtres qui nous guideront ; et notre pensée, rayonnant dans toute sa splendeur, éclairera de sa flamme subtile l'étude aride d'une théorie souvent diffuse.

Oui ! chers élèves, nous allons nous engager, peut-être nous perdre en abordant les questions sérieuses d'art, de sentiment, d'idéalité : de plus forts que nous y ont échoué, et cependant nous oserons les résoudre. Nous avons voulu l'indépendance ; nous avons désiré nous soustraire à ces règles qui absorbent l'intelligence et refroidissent l'imagination ; et, si vous nous suivez depuis notre point de départ, nul doute que vos progrès ne soient complets.

« Par le sentiment, nous jouissons de la nature » : épigraphe d'une de mes brochures ;
sixième sens, base fondamentale de l'art.

Expression si vague a-t-elle jamais été
énoncée comme principe d'une théorie
artistique?.... Non, et cependant je n'hésite
pas à m'en faire l'apologiste.

Je relis ce que je vous en disais précédemment, et je trouve, après deux années de ré-
flexion, que Platon vient confirmer ma pensée en disant : « Que le sentiment prononce
« sans consulter la règle ni le compas. »
D'Alembert s'exprime encore mieux quand,
dans son discours de l'Encyclopédie, il dit :
« Le sentiment saisit avec transport les beautés sublimes, démêle avec finesse les beautés
cachées et prescrit ce qui n'en a que l'apparence ; souvent même il prononce des
arrêts sans se donner la peine d'en détailler
les motifs, parce que ces motifs dépendent
d'une foule d'idées difficiles à développer sur-

le-champ, et plus encore à transmettre aux autres. » C'est à ce sentiment que nous devons le goût et le génie, distingués l'un de l'autre en ce que le génie est le sentiment qui crée, et le goût le sentiment qui juge. C'est donc faussement que la peinture est appelée un art d'*imitation*, puisque c'est par des signes conventionnels que l'on arrivera à la réalisation du beau idéal.

Le sentiment est le siége de la sensibilité et, comme l'a dit Vauvenargues: « Les grandes pensées viennent du cœur! » Voyez, maintenant, si art et sentiment ne sont pas synonymes, et si la peinture n'est pas avant tout le langage de l'âme.

Lorsque Platon disait que tout était en harmonie dans les beaux-arts comme dans la nature, il posait, sans s'en douter, les principes du beau-idéal; il ne se doutait guère que de nombreuses académies ignoreraient ou dénatureraient le germe fécond qu'il lançait dans l'avenir. Quelle simplicité et que de sublime dans cette belle idée, et qu'il y a loin des principes de nos professeurs patentés aux principes acceptés par les artistes grecs qui nous ont laissé la Vénus de Milo; à ce Florentin qui nous anéantit par sa force créatrice! De nos jours, on sculpte, Michel-Ange idéalisait! on recherche la forme, il la fuyait! on veut copier la nature, il la créait! Michel-Ange est aux arts ce que Platon est à la philosophie : le créateur de la beauté idéale.

Les maîtres n'étant que les interprètes de la nature, j'appellerai le sentiment au secours de son interprétation; et, avec la conviction intime du beau, l'artiste en approfondira tous les secrets.

Le génie ne sera rien autre que le sentiment de la nature, et mon élève sentira et produira en même temps cette beauté idéale. Le plus beau moment de l'œuvre étant celui

où l'artiste aura conçu sa pensée, le plus en-
traînant en étant le prélude, les approches
de la perfection seront, pour le penseur, su-
périeurs à la perfection même.

CHAPITRE PREMIER.

Où l'auteur raisonne en dépit du sens commun.

Pour moi, lecteur, la peinture n'est un art qu'autant qu'elle s'éloigne de l'imitation, et, contrairement à tous les usages reçus dans les écoles publiques, je trouve mon élève d'autant plus fort qu'il s'écarte de la copie servile de son modèle, qu'il dégage son faire d'une matérialité abrutissante ; qu'autant que son dessin est l'expression de la pensée qui l'anime. Que serait une œuvre de mérite bien peinte et bien rendue sans une conception forte et originale ? Que me ferait un dessin bien académique, bien propre et parfaitement pointillé sans la force motrice qui doit l'animer, sans le souffle artistique qui émane du sentiment et qui lui communique la vie? L'imitation académique, chers élèves, ne remplira que les conditions vulgaires des signes de la conception, si le sentiment, après les avoir mûris, interprétés, n'en rend les signes plus parfaits et n'en fait surgir cette beauté idéale sans laquelle toute œuvre n'est que l'apparence plus ou moins banale d'une conception poétique.

Mais, où vais-je? quel élan ! et dois-je m'engager si promptement dans ce dédale que tous les rêveurs ont exploré et que l'on nomme beau idéal? Réfléchissons-y encore, et si la force ne nous manque pas, nous en rechercherons les causes dans un chapitre spécial.

Pour mieux préciser ce que j'entends par sentiment et interprétation de la nature, je dois développer ma pensée, et faire bien comprendre à mon élève tout ce que renferme pour moi ces deux mots, base fondamentale de nos études.

Le grand but de l'art étant de frapper l'imagination et d'impressionner, la qualité essentielle de l'artiste sera d'arriver, par des moyens manuels, il est vrai, à communiquer au spectateur sa conception, à enivrer son âme, à son insu, de cet enthousiasme dont son œuvre sera la réalisation.

Remarquez bien que contrairement à l'homme de génie, l'artiste secondaire voudra que chacun connaisse le mal qu'il s'est donné, et prendra la même peine à faire voir les parties pratiques de son tableau que le premier en emploiera à les cacher. Ce seront ces sortes d'ouvrages qui attireront, nous n'en doutons pas, les louanges des prétendus connaisseurs, parce que tout y étant d'une médiocrité désespérante, d'une prétention et d'une afféterie puériles, l'esprit du *connaisseur* étant vide d'idées, sa bouche, par la raison des contraires, sera pleine d'éloges.

En nous comparant aux anciens, chers élèves, je suis obligé d'avouer que je ne trouve pas en nous cette expression profonde des passions que je rencontre dans le Poussin et le Dominiquin, ni cette séve de la couleur et de la ligne que les Italiens et les Flamands portèrent si haut ; je ne retrouve plus, à quelques exceptions près, cette foi mystérieuse, cette recherche incessante de la beauté, cette analyse du cœur humain, cette théorie des sentiments appliquée aux beaux-arts. Je ne rencontre que des professeurs qui établissent des axiomes aussi faux et inutiles que ceux-ci : « L'art se réduit à un seul principe ; l'imitation de la belle nature. » Je voudrais vraiment que ces savants condescendissent à m'expliquer ce que c'est que l'imitation de la belle nature, et si en peinture un beau cheval est d'une beauté idéale plus parfaite qu'une rosse! Et ces messieurs se trouvant fort bien à la place qu'ils occupent, répètent à satiété des conversations de ce genre : « Que l'imitation de la belle nature (en grâce, qu'entendent-ils par la belle nature?) produit le beau idéal; qu'il faut avoir la faculté de le choisir pour être un peintre de talent. » Ne devraient-ils pas savoir, ces immortels, que la faculté de sentir ce que la nature a de grand enfante ce beau idéal, chimère de leurs rêves, et qu'avant de l'imiter, il faut posséder ce sentiment qui précède l'observation, qui est la cause motrice du génie; cette puissance qui enfante ce qu'ils croyent faire copier à leurs élèves, ce beau idéal, cette interprétation de la nature.

Ce sont ces grands hommes, dis-je, qui se servent de brochures qu'ils rencontrent sur les quais pour en faire leur profit, et qui en composent, avec quelques vieilles bribes tirées de çà et de là des rapports prétentieux; et qui, tout enorgueillis de l'esprit qu'ils empruntent, pour parler poliment, à ceux qui mériteraient au moins d'en avoir quelque profit, se font applaudir et encourager dans ces Athénées où tout novateur est exclu ; ce sont ces savants qui viennent vous corner aux oreilles : « Peintre ! sois nature, copie la nature ! » ou bien encore : « Le dernier effort de l'art doit être de faire en sorte que l'art disparaisse, et que ses œuvres semblent être les œuvres de la nature elle-même ! » Quel français et surtout quelles idées ! et dire que tout cela n'est fait qu'à force et à grand renfort de compilations, et écrit par des lettrés patentés ! Les belles définitions, messeigneurs ! Et la belle logique : « sois nature ! le beau est le vrai ! le vrai peut être le vraisemblable ! » et autres bagatelles tout aussi niaises que ces billevesées.

Mais, avant tout cela, dites-nous, si vous

en êtes capables, ce que c'est que Michel-
Ange, Rembrandt, Corrége et autres, et si
tous ces braves gens ne sont que des cuistres
pour s'être éloignés de la nature. Allons, si
cela continue, il faudra nous y conformer ;
tous les faiseurs de trompe-l'œil, de photogra-
phies coloriées, obtiendront les médailles,
les prix et les récompenses nationales.

Quelle plaisanterie pour les siècles futurs,
et comme nos arrière-neveux en riront !

CHAPITRE II.

L'auteur sape et renverse tout ce qui l'embarrasse.

Pour en revenir à notre point de départ,
car je ne vous tiens pas quittes, Messieurs
les critiques et les lettrés, vous dites encore
dans vos rapports ampoulés outre mesure
que : « Ceux qui avaient acquis la connaissance des os et des muscles en faisaient, aux
dépens de la *Vérité* et de la beauté, un indis-
cret étalage, puisque le dessin proprement
dit est la représentation des proportions des
choses telles qu'elles paraissent à l'œil. »
Ou bien encore : « Lorsqu'on imite, bien
juger des apparences pour les reproduire

fidèlement. » Et une hérésie telle que celle-ci :
« La pratique est le but, la théorie est un
moyen pour y arriver !!! » Arrêtons-nous, il
est temps, car je finirais par transcrire tous
les rapports de l'Institut et mon lecteur n'y
gagnerait rien.

Si le beau de l'art, Messieurs, est la reproduction servile de la nature, Chardin est
un polisson et ses natures mortes des absurdités auxquelles les plus vils trompe-l'œil
sont préferables. Ceci me rappelle un pas-
sage d'un de mes opuscules que je me
permets de transcrire à l'appui de ma théorie; je pense que l'Académie m'en saura gré :
« (1) La plupart peignent des objets de mé-
nage, plus nature que le plus beau trompe-
l'œil et cependant..... cette casserole, dans
Chardin, ne sera point le vulgaire ustensile
que je vois dans *l'autre;* la forme et encore
plus la couleur seront étudiées avec une scrupuleuse intelligence..... Je saurai si elle a

appartenu au cordon-bleu d'un littérateur à la mode, ou si elle vient de la mansarde du pauvre..... Je devinerai, rien qu'à sa mine, à la manière seule dont Chardin l'aura comprise, entourée, si elle est habituée au civet de lièvre ou à la modeste soupe aux choux... Enfin, je rêverai des heures en contemplant cette *nature morte*, j'y verrai toute une existence, et si je suis poëte, je créerai un chef-d'œuvre ! Pourquoi ?... C'est que mon âme y trouvera avec jouissance le *sentiment* du peintre ; c'est que j'y verrai des riens qui me diront beaucoup ; j'y étudierai avec bonheur ces accidents variés dont la nature empreint ses œuvres à profusion. C'est que, rendu avec cette scrupuleuse et naïve *interprétation* dont le grand artiste seul a le secret, ce vase aura pour moi un entraînement qui me subjuguera, je ne sais quelle poésie qui sera le résultat de la justesse et de la vérité avec laquelle il aura été *interprété.* » Que pensez-

vous, Messeigneurs et maîtres, de mon jugement?... et que direz-vous de l'audace avec
laquelle je sape et renverse les fondements
de votre logique boiteuse ?... Il y a longtemps que mon cœur saigne, que ma pensée
cherche à s'émanciper ; soyez sur vos gar-
des, car je m'apprête à renverser les systèmes erronés que vous vous plaisez à cou-
vrir de votre égide... Vous croyez être in-
vulnérables ?... Je vous renverserai de votre
piédestal, j'y placerai la vérité, et je débar-
rasserai l'art des limbes dans lesquels vous
l'étouffez.

Oui ! l'interprétation est tout l'art !

Vous tous, hommes acceptés par la faveur
pour diriger les études de la rénovation de
l'art et qui suivez une routine caduque, vous
conviendrez que la peinture n'est rien sans
la pensée et le sentiment ; vous avouerez,
et je vous y forcerai, que sans l'expression
un tableau ne sera qu'une image éphémère ;

que le plus beau dessin ou la peinture la
plus propre d'un de vos élèves sera à peine
digne d'attirer les yeux du penseur, si le
souffle divin ne vient l'animer. Ce n'est point
vous dire que l'artiste doit négliger de se
rendre maître du procedé, puisqu'il ne peut
sans cela affranchir sa pensée ni la rendre
dans toute sa splendeur; mais ce n'est pas
une manière, que je veux qu'il possède ; ce
n'est pas cette routine que vous lui enseignez
qui l'aidera ; avec toute cette habileté vous
n'en ferez qu'un artisan, qu'un ouvrier re-
marquable, quand, moi, j'en veux faire un
créateur !

Dans l'art, chers élèves, soyez-en persua-
dés, l'étude matérielle ne suffit pas pour
arriver à la perfection, et rien ne pourra
suppléer au sentiment. Il faudra souvent
vous affranchir du travail mécanique pour
vous habituer à voir, à penser, à sentir par
vous-mêmes ; car, vous arrêter aux perfec-

tions secondaires, ce serait prendre le moyen pour le but. Pline lui-même, en parlant des artistes grecs, dit « que ceux de leurs ouvrages qui excitaient le plus d'admiration étaient les œuvres qu'ils n'avaient point achevées, en ce qu'on aimait à voir leur pensée empreinte sur une informe ébauche.» L'exécution pourra remplacer l'art aux yeux de l'amateur spéculateur, mais elle cachera toujours le manque de conception de l'artiste. Ce n'est pas avec le compas et l'équerre qu'il faut étudier, mais en s'identifiant la scène que l'on voudra rendre.

Après avoir développé ma pensée, j'en déduis que le peintre ne doit pas représenter les objets naturels comme signes d'eux-mêmes, mais bien comme le reflet de l'impression particulière qu'ils auront faite sur son âme, comme la création intellectuelle et sympathique de son sentiment. L'homme s'associera la nature, et, s'identifiant avec elle, il l'animera de son souffle créateur !

Que les fausses dissertations et le pédantisme de certains savants m'affligent ! que je plains les êtres apathiques et froids qui ne se passionnent jamais et dont les âmes sont fermées à toute expansion ; qui n'ont ni verve au cœur, ni fluide sentimental dans les veines ! Qu'ils sont malheureux de ne pouvoir ni s'émouvoir, ni s'attendrir, ni se sentir frissonner d'enthousiasme ! Jamais les harmonies de la nature, le spectacle de ses effets sublimes et imprévus ; jamais le beau idéal de l'art ne les a transportés ; jamais l'accent de la beauté ne les a charmés ; non, jamais leurs sensations n'ont été inondées d'ineffables voluptés ! Pour eux, la nature n'a point de charmes ; la sympathie est une chimère ; l'amour un déréglement des sens ! Leur vie est sans illusions, sans attraits ; et si la cupidité ne venait ranimer leurs corps sans âme, leur existence machinale s'anéantirait ;

et pourtant, lecteur, ce sont de pareils in-
stituteurs à qui se trouve confiée la régéné-
ration de l'art. Peuple ! on te trompe ! ré-
veille-toi, et sus aux faux dieux !

Que faut-il faire, me demandez-vous,
chers élèves, pour vous rendre intime cette
conception du beau idéal?... Me lire, et je
tâcherai de vous le démontrer dans le cours
de cet ouvrage.

CHAPITRE III.

Le trait, quoique inutile, devient indispensable.

Toute incorrection n'est pas vicieuse, et c'est encore dessiner que de s'éloigner de l'imitation de la nature. Le véritable artiste ne doit point désirer séduire la foule par une fidélité et une exactitude minutieuses des objets qu'il représente, mais obtenir par la tournure magistrale de son faire une perfection de beauté inconnue au vulgaire. Cette perfection du dessin ne consistera pas dans la simple reproduction du modèle, mais bien dans une conception idéale supérieure à la nature. Ce sentiment intellectuel

ennoblira et fera distinguer l'art du méca-
nisme le plus vulgaire. Ce n'est donc pas
à l'aide de l'imagination fougueuse que l'on
arrive à la gloire, mais par une observation
juste et régulière et par des efforts lents et
répétés.

Si nous envisageons le dessin comme *trait*,
nous avouons en toute humilité que la peinture ne peut s'en passer et que le plus
grand coloriste doit s'y soumettre. Avant de
reconnaître, chez Véronèse, le noir Africain
ou la blonde Suzanne, les formes anguleuses
de l'un et la suavité de contours de l'autre
m'ont déjà fait deviner leur sexe et leur
patrie. Avant que Michel-Ange m'eût terrifié
par les teintes sombres et infernales de son
Jugement dernier, il m'avait, par le secours seul du trait, frappé l'esprit par son
accentuation et par la puissance de sa conception : son trait donne de la couleur à ses
marbres et colore aussi ses fresques. Si le

ton peut flatter les sens, il subjugue rarement l'esprit ; et quoique la couleur ait un empire immense sur l'âme, le trait, ou ce que j'appellerai le style, dominera toujours la pensée ; d'où je conclus que dessiner, c'est impressionner.

Mais, ce qui est surprenant, et ce qui étonnera mon élève, c'est que le trait, ou dessin, partie de l'art que tant de professeurs et moi-même plaçons au premier rang, est la seule qui soit essentiellement conventionnelle, et qui, j'ose l'affirmer, n'existe point dans la nature. Par exemple, quand notre tête est modelée et que le relief et la couleur sont obtenus, où se trouve le trait ?... et dans la nature ?... croyez-vous que de face ou de profil mon nez ou mon menton aient un trait, ou n'occuperont-ils pas dans l'ensemble de mon individu une place dans la masse ?... C'est donc pour trouver l'apparence de la réalité et non pour copier un trait qui ne peut y être, que je me sers de ce moyen factice.

Dessiner n'est donc pas chercher un trait, mais une forme à l'aide de ce moyen ; cela étant le seul dont nous puissions faire usage, jusqu'à ce que nous en ayons trouvé un autre nous devons nous en contenter. Puisque la logique veut qu'avant de rendre les détails ou finesses de mon nez ou de ma bouche je voie s'il est long ou carré, si elle est accentuée ou insignifiante, ce sera alors le caractère distinctif et particulier que mon trait devra exprimer ; c'est lui qui rendra saisissable à la vue l'expression de la physionomie et qui seul la rappellera.

Il s'agira de savoir si l'élève doit chercher dans son trait, comme l'admet l'école des Beaux-Arts, la reproduction fidèle du contour exterieur du modèle qu'il copie, ou devra-t-il s'affranchir de cet esclavage en l'interprétant suivant le caractère qu'il lui reconnaîtra ?.... C'est cette grave question que nous allons étudier.

De nos jours, les arts d'imitation reposent sur des principes qui nous paraissent erronés et que nous avons énoncés précédemment. C'est avec ces faux systèmes que l'art s'abâtardit et que chaque génération se fourvoie, ainsi qu'à l'aide d'encouragements mal distribués qu'elle reçoit. Cependant, nous l'affirmons, l'essence artistique s'appuie sur des règles complétement contraires, et nous en avons une preuve évidente dans les œuvres des diverses écoles : que Teniers nous représente des buveurs ou Rubens des bacchantes, nous voyons, dans le premier, des joueurs occupés de leur jeu, et l'ardeur immodérée du gain se peint sur leur face avinée ; dans le second, des faunes amoureux, des chairs dorées et luxuriantes dont la nature a doué leurs rubicondes compagnes. C'est, avant tout, le caractère de l'espèce qu'il nous faut, et le comble de la science sera de saisir ce qui distingue le paysan du bourguemestre et la femme de la bacchante. Ils ont cherché tous deux, au moyen d'un dessin ou trait, plus ou moins accentué, et à l'aide d'une couleur appropriée au sujet, les habitudes et la nature des êtres qu'ils nous ont représentés. C'est ce qu'ont fait Michel-Ange et Corrége, et ce dont se sont éloignés la plupart des peintres du XIXe siècle, excepté quelques-uns d'entre eux. Tous les plafonds du Louvre en sont un bien malheureux témoignage.

En peinture, il est on ne peut plus important que le trait domine le relief et la couleur, puisqu'en lui réside la plus grande part d'imitation, la plus noble et la plus indispensable. N'exprime-t-il pas le type de l'individu, sa race, son âge, son sexe, la force de sa constitution et, bien mieux, sa pensée intime? et son degré d'importance est tel, qu'il doit se placer au premier rang. Ce moyen d'imitation joue le premier rôle, et la couleur et le relief ne sont qu'accessoires. N'est-ce point à la représentation des formes que les Grecs ont dû leur supériorité, comme c'est à son galbe que la Vénus de Milo doit sa perfection? C'est dans la représentation essentielle de la forme, ou plutôt dans son interprétation intelligente, que nous placerons le beau idéal; car le trait concourt le plus au style et à l'expression, et c'est lui seul qui parle à l'intelligence : si les deux éléments secondaires, le relief et la couleur, complétent l'œuvre, il faut ajouter qu'ils ne sont qu'accessoires; et pour preuve, mettons en parallèle un des meilleurs tableaux de décoration de nos jours, en regard d'une peinture quelconque trouvée dans les ruines d'Herculanum !...

Avant de terminer, concluons en disant que le trait parle principalement à notre intelligence , démontre , en suivant notre sentiment, les beautés de la nature que nous avons choisie, et, de plus, comme imitation sensible au vulgaire, c'est le seul moyen d'attirer l'attention de ceux qui ne sont pas initiés aux délicatesses de la peinture. En Grèce, en Egypte et en Italie, tout ce qui a été compris des masses ne l'a été qu'avec le secours du trait; dans la patrie de Périclès, les temples en ont imposé à la multitude par leurs lignes sévères, leurs sculptures nobles et regulières. Les sphinx des XXe et XXVe siècles avant Jésus-Christ étaient les symboles d'un pouvoir immuable et étonnent encore le monde par l'ensemble magistral de leur régularité imposante. En Italie, les fresques d'Orcagna, de Giotto et des grands artistes du XIVe siècle maintinrent, par leur aspect sévère, la féodalité dans ses droits par la terreur qu'ils inspirèrent aux peuples.

C'est quand l'art a cessé de s'adresser au public et qu'il a voulu s'asservir à contenter l'opulent, que l'artiste a perfectionné les détails aux dépens de l'ensemble, et qu'au XVIe siècle, après s'être encore maintenu dans les régions élevées par les encouragements des Médicis et des ducs de Milan, il a cherché les finesses et les mesquineries d'un modelé méticuleux et la richesse d'un coloris dont il savait jadis si bien se passer. Mais, puisque de nouveaux venus, Corrége et Rubens entre autres, ont su perfectionner à nos yeux un art qui, de lui-même et comparé au beau antique, lui est de beaucoup inférieur, puisqu'au lieu de parler à l'âme il n'impressionne souvent que les sens, acceptons-le néanmoins comme ces grands hommes nous l'enseignent par leurs œuvres; et si le coloris peut nous séduire par son charme enchanteur, n'oublions pas que ce qui tient au trait imprime le caractère et l'impression, frappe la multitude et a seul la puissance de s'emparer de ses sensations.

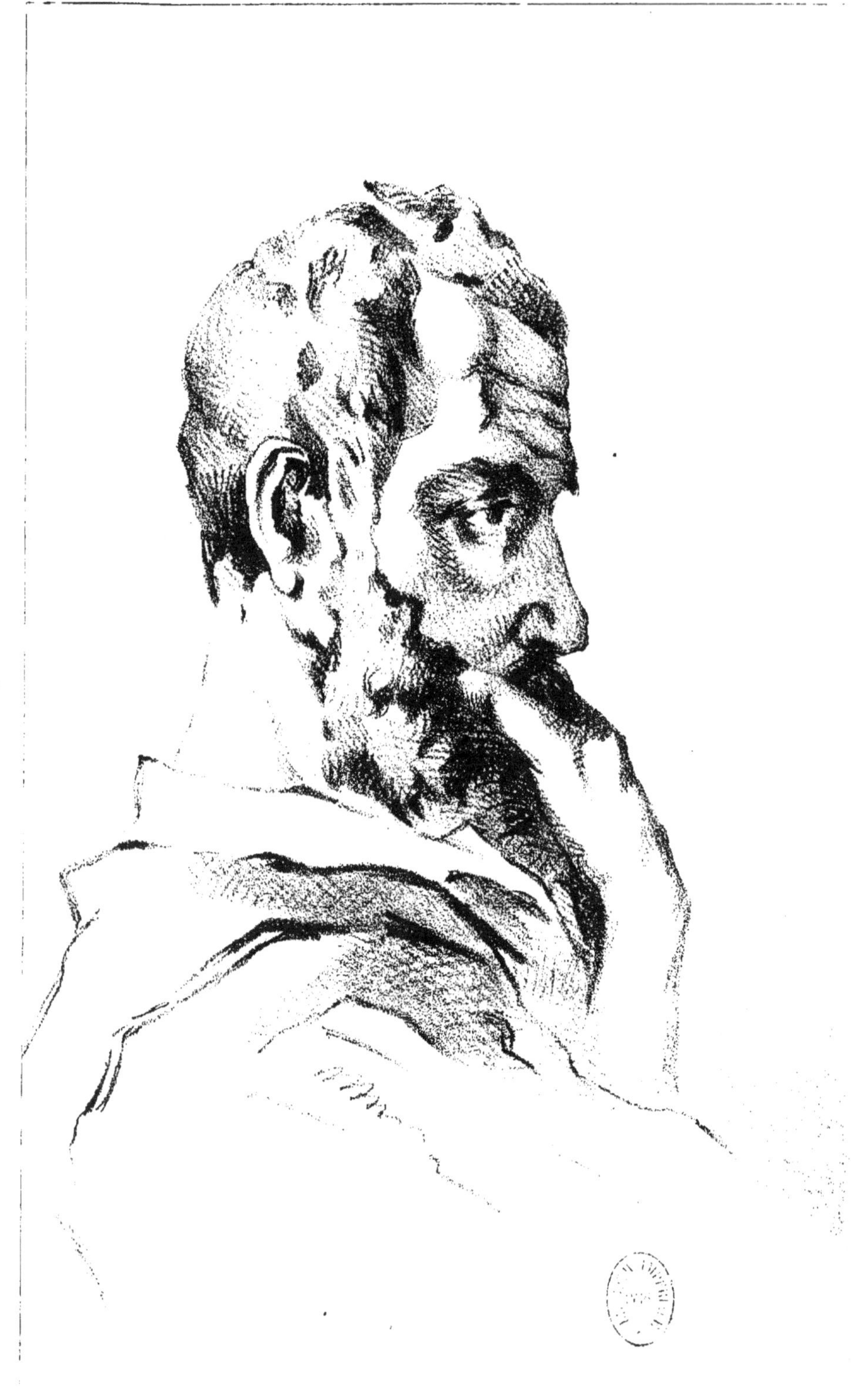

CHAPITRE IV.

....Récapitulons la marche que nous avons suivie : pour vous, lecteur, c'est peut-être inutile, pour moi c'est indispensable.

En se passant de maître, comme je le désirais, l'élève a fait deux choses dont il doit se rejouir : la première, et je l'en remercie, a été de suivre mes conseils; la seconde, bien préférable et beaucoup plus dans son intérêt, a été tout à son avantage, puisqu'en s'en privant, ses études n'ont point eu de pression et il a pu marcher sans entraves; car, la nature qu'il n'eût vue qu'avec l'œil du professeur, lui est apparue vierge et sans fard, et il a été débarrassé d'une influence et d'une joug qu'il eût dû subir ; qu'il s'en réjouisse donc et qu'il en soit débarrassé à tout jamais.

Nous avons commencé nos études avec simplicité et nous les continuerons de même. En choisissant des modèles selon notre goût, nous avons éprouvé moins de difficultés ; et en dessinant par hachures soit un nez, une bouche, une oreille, nous n'avons fait que suivre les principes que ne dédaignaient point les maîtres de l'art ; si routine il y a eu, n'importe, puisque l'initiation s'est faite progressivement ; il ne sera donc plus nécessaire de revenir sur ce point de départ ; d'autres études plus importantes vont réclamer notre attention.

Sachant bien rendre ces premiers essais d'un art qu'il devra mener bien loin, nous avons recommandé à notre élève la copie d'une tête dessinée, non point au compas, à l'équerre et en divisant la figure en plusieurs parties, mais en se rendant intime son caractère individuel et en saisissant avec précision la forme générale. Ce n'est pas un talent d'agrément que nous lui enseignons, mais une interprétation large et sentie, une étude sérieuse qui ne le fourvoie pas. Il comprendra les vues élevées que nous lui révélons et il sentira que si le procédé est indispensable ce n'est qu'un *moyen* pour arriver à la perfection.

Ce premier pas fait, nous arrivons promptement à la bosse (planche 1re), étude où le débutant commence à créer, où l'instinct va percer : c'est alors que le procédé est devenu bien secondaire comparé au sentiment; c'est à ce moment que l'élève s'est démandé s'il avait le sixième sens que tous les maîtres réunis sont impuissants à faire naître ! Le travail a disparu pour faire place à la conception et d'écolier qu'il était il s'est réveillé maître ! Oui ! tout dans la nature va lui appartenir, car dessiner une bosse ou une tête animée vont être synonymes, et d'esclave qu'il était il va se réveiller puissant.

On se convaincra, après avoir lu ce qui précède, que le vrai point de départ de la peinture est la bosse et que son but est l'interprétation et non pas l'imitation. Vous abandonnez alors le travail manuel, et en sentant brûler en vous le feu sacré qui doit vous animer, vous vous écriez :   « Je parviendrai ! »

L'étude de la bosse nous conduit naturellement à celle du modèle vivant. Une tête en marbre ou animée sont semblables à tout ce qu'il vous plaira d'imiter, fusse même une académie. En rendant bien l'une, vous ne serez pas embarrassés pour dessiner l'autre (planche 2e); c'est ce que vos études vont vous prouver. En dessinant facilement la bosse, vous éprouverez, je n'en doute pas, peu ou point de difficulté pour votre travail d'après nature et, frappés de la simplicité du moyen, vous ne manquerez pas de répandre dans ces études l'esprit qui vous anime.

J'expliquais déjà ces leçons pratiques dans ma première partie, et en m'y reportant, pour les compléter, je suis convaincu que vous aurez compris ma pensée. Vous aurez observé que la partie lumineuse, principe de tout effet, est d'autant plus piquante qu'elle est concentrée, et que la nature en nous donnant seule toutes ces instructions a été notre unique guide, notre meilleur maître. C'est cet excellent professeur, le seul que vous devez suivre, qui vous a découvert ses mystères, qui vous a montré ces objets avec leurs variétés, leurs accidents, leurs harmonies relatives. Je vous le répète : ce n'est pas un maître, même le plus parfait, ni dans une école où vous auriez perdu vos plus belles années, que vous auriez progressé, que la nature se serait dévoilée à vos yeux.

En dessinant les modèles à mouvements maniérés, vous auriez pris une routine que vous avez su éviter. C'est en fuyant le maître, que vous l'êtes devenu !

Ce modèle vivant, vous l'avez bien étudié, mais librement, et vous avez su éviter l'abus en sachant l'interpréter ; comme nous le disions, il a été votre planche de salut. Il est vrai qu'un maître ne l'a point posé et que lui seul a pris la pose qui lui convenait ; son attitude a été vraie, son expression régulière.

Dans ce mouvement spontané de l'*étonnement* (planche 3e) qui a suivi l'impulsion de sa volonté, la vérité s'est fait sentir, l'unité d'action a été complète. En dessinant comme je vous l'indiquais et comme le démontre cette 3e planche, l'ensemble de notre tête, vous en saisirez à l'instant le caractère et le rendrez aussi juste que possible. Les détails proportionnés à l'ensemble vous permettront de trouver la place exacte de chaque partie

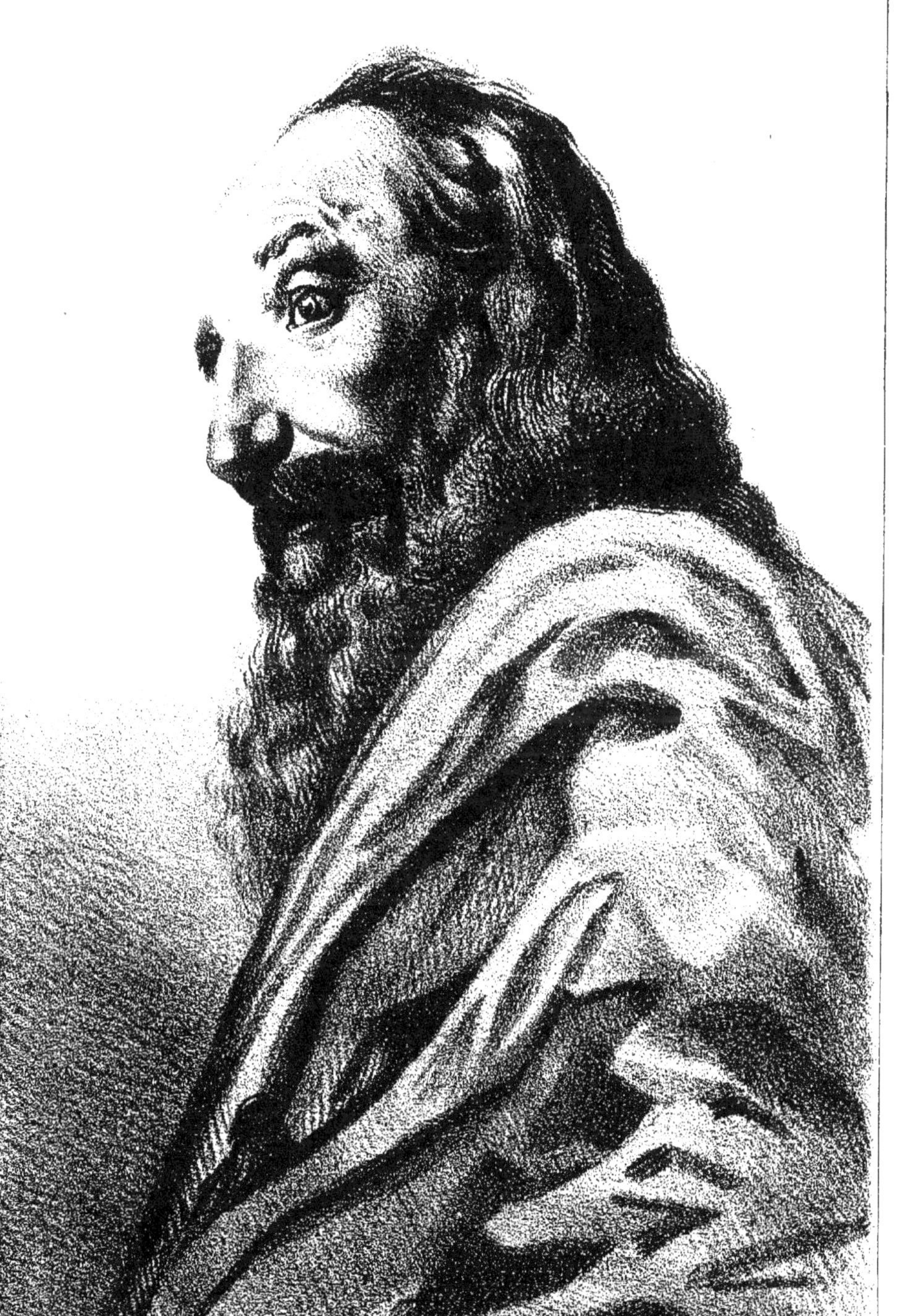

de la figure, et le tout se trouvera juste par l'indication large et accentuée de vos masses; vos contours bien arrêtés, une lumière vive et réservée vous donnera l'effet que vous cherchiez. Il n'est pas difficile de rendre la nature quand on la comprend et qu'on observe les rapports que les objets ont entre eux.

Ce que tous les professeurs vous font envisager avec terreur n'est souvent incompréhensible que parce qu'ils ne savent eux-mêmes ce qu'ils veulent vous enseigner. Cet acte de puissance qui ne dépend que de vous et vous rapproche de la divinité, est-ce le maître qui eût pu vous l'incarner? ..... Non! le maître n'est rien que le simple valet du procédé; et, qu'est-ce que le procédé !!!

CHAPITRE V.

Chapitre inutile en tant que procédé, mais que l'auteur trouve à propos d'insérer.

Vous comprendrez facilement, chers élèves, que le dessin est une des parties les plus difficiles de la peinture et qui n'est point réglée, comme le veut l'Académie, par des lois immuables. L'impression que nous éprouvons variant à l'infini, il ne faut pas essayer de rendre uniformément ce que Dieu a créé si changeant. Ce n'est pas ce que les professeurs patentés exigent, et ils s'occupent peu de savoir si le modèle d'après lequel vous dessinez a des infirmités, est gras ou maigre, chétif ou bien portant : vous leur plairez d'autant mieux, j'en suis sûr, que vous dissimulerez ces infirmités, que vous le rendrez sur le patron qu'ils auront adopté.

Si cela s'appelle dessiner, la nature est inutile; et, avec un type accepté vous aurez, pour meubler vos tableaux, tout ce qui vous sera nécessaire. C'est un principe que, du reste, ces messieurs ont utilisé, car la plupart des auteurs des plafonds du Louvre ne l'ont point négligé, par amour extrême de l'uniformité : inutile d'ajouter, pour le bon public, que l'ennui naquit de cette uniformité, et qu'il est bientôt temps que toutes ces peintures fades et monochromes soient replâtrées.

D'après ce que j'ai dit du trait il est évident que le dessin, sans être l'unique moyen d'initiation, en est le plus important; et que si la couleur, le relief et le clair-obscur sont nécessaires, lui seul est indispensable. En tâchant de sentir et d'accentuer notre trait par l'étude et surtout par le sentiment, nous arriverons par la pratique à la perfection.

Puisque la figure ou académie est la partie la plus difficile ou plutôt le principe de l'imitation ou interprétation, nous allons d'abord la considérer dans toute sa difficulté, et démontrer jusqu'à l'évidence son utilité. A l'École des Beaux-Arts, il s'agit simplement de rendre un type usité et de le répéter indéfiniment; pour nous, ce sera l'individualité de chaque type que nous étudierons. Si on nous conteste notre enveloppe individuelle l'art n'est que monotone, l'imitation se rétrécit, l'interprétation est sans séve, régulière et sans vie; notre dessin enfin se fait académique, s'isole de la nature, et, de vivant qu'il voit le modèle, l'élève le rend froid, symétrique, compassé; enfin le dessin

énergique et mouvementé se trouve remplacé
par des pastiches mal compris de la statuaire
grecque. L'élève saisira le caractère individuel, cette partie de l'art essentiellement
sentimentale; ce sera l'organisation artistique, si vous la possédez, qui vous per-
mettra d'en comprendre les finesses et de les
reproduire avec intelligence; l'étude y sera
pour beaucoup, mais la bosse, rappelez-vous
ce que j'en disais, sera votre seul guide.

Si vous ne l'avez point, allez à l'école de
la rue Bonaparte, vous y deviendrez très-
fort, mais pas le moins du monde artiste.
Vous pourrez, en y consacrant de longues
années, y acquérir, je vous le répète, beaucoup d'habileté pratique, un peu de talent, mais vous n'y développerez jamais
votre génie. Il est possible qu'on y enseigne
un excellent dessin, qui se mesure, qui
se raisonne, et recommandable pour les
écoles gratuites et l'enseignement public;

mais ce ne sera qu'en vous inspirant de
ce souffle divin qui est insaisissable que
vous progresserez, et non en voulant éter-
niser ce que Dieu aura désavoué.

CHAPITRE VI.

**L'élève est convaincu que les savants
ne servent à rien.**

La forme dans le dessin se manifeste donc
par une accentuation des contours, en dehors
de la correction et de la beauté. Elle saisit
avec énergie ce qui donne le caractère, ce
qui rend l'expression; elle entraîne par sa
verve, et même séduit par sa naïveté. Elle
peut être incorrecte, mais si elle est variée,
accentuée, expressive, elle nous subjugue
encore, et le professeur patenté seul n'y est
point sensible.

Toutes ces réflexions sont des plus simples,
et malgré cela, peu de gens se donnent la

peine de les résoudre; les uns en sont incapables et un initiateur a manqué aux autres. C'est que beaucoup croient que la correction et l'exactitude sont des qualités satisfaisantes, et ils ne songent nullement qu'elles ne sont que secondaires. Ce ne sont pas celles auxquelles tout véritable artiste doit tendre, et si on veut les mettre en première ligne, elles ne dispensent pas des autres; car, pour l'homme sérieux, le dessin, compris avec sentiment, et où l'interprétation se fait sentir, lui est bien supérieur, malgré une incorrection apparente et sensible.

Il y a loin du dessin des Italiens à celui des maîtres flamands, et cependant la trivialité des uns peut rivaliser avec la noblesse des autres ; les figures communes d'Ostade et de Brawer ayant la tournure qui leur est propre, sont aussi belles, aussi bien dessinées, aussi naïvement interprétées que les belles fresques des maîtres romains et florentins. Aussi,

comme nous le disions, tout élève intelligent
peut apprendre jusqu'à un certain degré un
dessin calculé et systématique, propre et
compassé, enfin, arriver à la perfection du
dessin académique ; il peut, à force d'études,
obtenir une supériorité conventionnelle, se
rendre maître de la connaissance technique
de l'anatomie, arriver à une imitation rai-
sonnée d'après les règles immuables et in-
variables adoptées par un corps qui fait loi
et domine en vertu de son autorité ; mais
de tels artistes n'arriveront jamais à entraîner la foule. Leurs élèves, à ces privilégiés,
ne posséderont jamais un talent intime, cet
instinct du beau qui émane d'une conviction
innée ; ils n'apprendront pas ce qui ne peut
s'enseigner, le sentiment du beau, l'étude de
la nature et de l'antique, ce que Corrége et
Prud'hon, Géricault et autres ont puisé dans
ce qui ne s'enseigne pas : l'interprétation de
de la nature.

On a accablé la peinture et les arts en général d'une foule de principes et de règles
presque aussi inutiles que fausses. Winckel-
mann, Algarotti, Gérard de Lairesse et
autres ont cru bien faire en indiquant mille
absurdités complétement indifférentes à
l'homme de génie, qu'il n'a jamais lues, et
qui ne donneront aucun talent à ceux qui en
manquent. A quoi bon mesurer, comme l'a
fait Albert Durer, artiste des plus éminents
(malgré cet enfantillage), les membres du
corps humain, et d'en composer un ouvrage
que peu ou point ont lu? Toute cette érudition
est sans contredit savante, mais, à nos yeux,
nulle, puisqu'elle n'énonce que des choses
superflues à celui auquel manquent les
principales.

Rien n'est plus facile à fabriquer que toutes
ces théories; et tel sculpteur ou peintre de
la Renaissance, Jean Goujon, le Prima-
tice, etc., n'en sont pas moins de grands ar-

tistes pour avoir créé des figures qui ont jusqu'à dix et douze têtes, tandis que ceux de la Restauration, qui ont bien observé le nombre adopté de huit comme principe de toute beauté, n'en restent pas moins détestables. « Il y a cent poétiques contre un poëme, » dit Voltaire, et en cela il est parfaitement dans le vrai.

Si la science a trop souvent un langage obscur qui en défend les approches, il n'en sera pas ainsi de l'art; trop longtemps on l'a environné de ténèbres; le jour est venu où tous verront la lumière. C'est surtout en peinture (où la plupart des auteurs ont ce jargon d'autant plus inintelligible que souvent il l'est pour l'auteur de l'ouvrage lui-même) que les commentateurs et les critiques ont prodigué de faux aperçus aussi bien que donné de fausses leçons: presque tous ont prôné un dessin qu'ils ne sentaient pas, d'autres une couleur qu'ils ne devinaient point. Je doute que

Michel-Ange et le Giorgion aient obéi à d'autres leçons qu'à celles de leur génie, et tant de
prétendues règles n'eussent servi qu'à em-
barrasser leur marche. Ces préceptes sont
toujours d'un très-faible secours à ceux qui
sont dénués de tout génie. Pour arriver à la
gloire, atteindre la perfection, il faut se lan-
cer dans l'espace, voler de ses propres ailes
et non se traîner dans l'ornière.

Soyez moins occupés de votre art que des
vérités que vous enseignez. N'imitez, ne
rendez pas la nature avec cette banalité que
la plupart des artistes apportent dans leur
conception, mais interprétez-la à l'aide d'un
trait savant et accentué; peignez avec chaleur,
persuadez et entraînez!

CHAPITRE VII.

Je cherche fortune depuis bientôt dix ans,
chers élèves, et je suis moins avancé qu'en l'an
de grâce 1846. Qu'en conclure? C'est ce que
je vais vous expliquer.

Si, en disciple docile, je suivais la route
des judicieux panégyristes des talents acadé-
miques; que j'aie vanté, sur la foi de leurs
rapporteurs accrédités, leur génie, il y a lieu
de croire que ma position s'en fût améliorée.
Mais, en voyant les tristes résultats de leur
méthode, en lisant tant et de si longs discours
publiés en leur honneur et couronnés par

4

leur aréopage, je me demande si les pauvres écrivains qui les encensent sont affamés, et s'ils ne seraient pas embarrassés d'expliquer, de soutenir sérieusement des principes comme ceux dont j'ai démontré la fausseté précédemment.

Pour nous, qui avouons la désolante impossibilité d'estimer ou de louer sur parole, nous convenons que c'est une piètre tâche de se faire le champion de matières aussi négatives que celles de chercher dans l'art *la simple et banale imitation de la nature*. Malgré notre désir de nous faire ce qu'on appelle vulgairement une position, nous y renonçons, et nous regrettons ingénument, en abandonnant les avantages que nous pourrions en retirer, de ne pouvoir en faire autant pour l'Académie.

Sans chercher à diminuer en rien la gloire des corps savants du monde entier, sans prétendre méconnaître les services qu'ils se croient appelés à rendre, ce dont cependant il m'est permis de douter ; sans dénigrer la liberté qui leur est octroyée de proposer d'excellents sujets de concours aux élèves qui veulent bien suivre leurs doctes leçons, nous croyons qu'il n'est pour ces élèves aucun moyen qui mérite mieux d'activer leurs progrès que d'étudier les rapports rédigés par ces doctes assemblées; aucun, dis-je, qui leur soit plus nécessaire pour obtenir la médaille la plus lourde et la mieux frappée. Est-ce à dire que cette étude soit la meilleure, et qu'elle seule soit infaillible ?... C'est ce que nous nions.

Dans le cours de cet ouvrage, nous ferons tant qu'il ne restera rien de tout cet échafaudage factice. Nous renverserons ces chaises curules où de *puissants génies* se reposent, s'endorment trop souvent et règnent en despotes; et notre livre s'attirera d'autant plus la confiance du lecteur que son auteur

n'aura cherché que la vérité. Aussi, ne dé-
sespérai-je pas, en suivant cette voie, d'avoir
perdu dans dix ans la position pécuniaire
que je possède maintenant, ou, au pis aller,
de me trouver plus pauvre que jadis. Néanmoins, advienne que pourra, je dirai ce que
je pense.

Quoique le peuple, le vulgaire, soit assez
rarement admis à être pris en considération
par les faiseurs, et qu'il soit jugé de trop
mince valeur pour qu'ils se donnent la peine de
lui faire comprendre leurs fausses théories,
nous ne dédaignerons pas un tel auditoire;
nous l'instruirons, le persuaderons, et, en
lui faisant un passe-temps agréable d'une
science si aride et si difficile, il comprendra
sans peine, cet élève inintelligent, sans effort
et avec peu de travail, les beautés d'un dessin
qu'il faudrait, pour le goûter, avoir beaucoup
étudié.

Pour qu'il y ait de l'ordre dans cet ouvrage

et qu'il ne puisse fatiguer l'esprit du commençant; pour qu'il puisse le prendre et le laisser à volonté, nous avons suivi la route que nous nous sommes tracée. En entremêlant nos chapitres, nous passons du théorique au pratique, et les rapports entre eux saisis et rendus en facilitent la lecture. En y ménageant de fréquents repos, l'esprit est plus libre, et le titre de chaque chapitre, en indiquant son but, soulage la mémoire et l'attention. Toujours de bonne foi, incapable d'user de subterfuge, l'élève suivra nos idées, les adoptera, et, après la lecture du *Grand livre des Peintres*, l'art aura un prosélyte de plus.

Que l'artiste ne s'y trompe pas! l'homme est la base fondamentale de l'art, et quoique tous les objets de la nature en soient les attributs, c'est, sans contredit, la figure humaine qui en est le principe. La science indispensable de l'anatomie en facilitera l'étude ; et l'origine, l'insertion des muscles, la variation de leurs formes lui seront néces-saires. L'élève devra connaître ces ressorts qui font agir les articulations, et la structure du squelette lui indiquera le mouvement des différents membres. Tout en dissimulant le système musculaire sous des formes moelleuse elles n'en devront pas moins exister, et, à l'exemple des Grecs, il cachera le travail pour faire resplendir le beau idéal. En nous occupant de ce qui est nécessaire pour arriver à dessiner une académie, nous atteindrons le but que nous nous étions proposé. En insistant maintenant sur la connaissance anatomique du corps humain, nous compléterons nos études.

Sur ce, entrons en matière, et développons clairement les planches qui termineront nos chapitres pratiques.

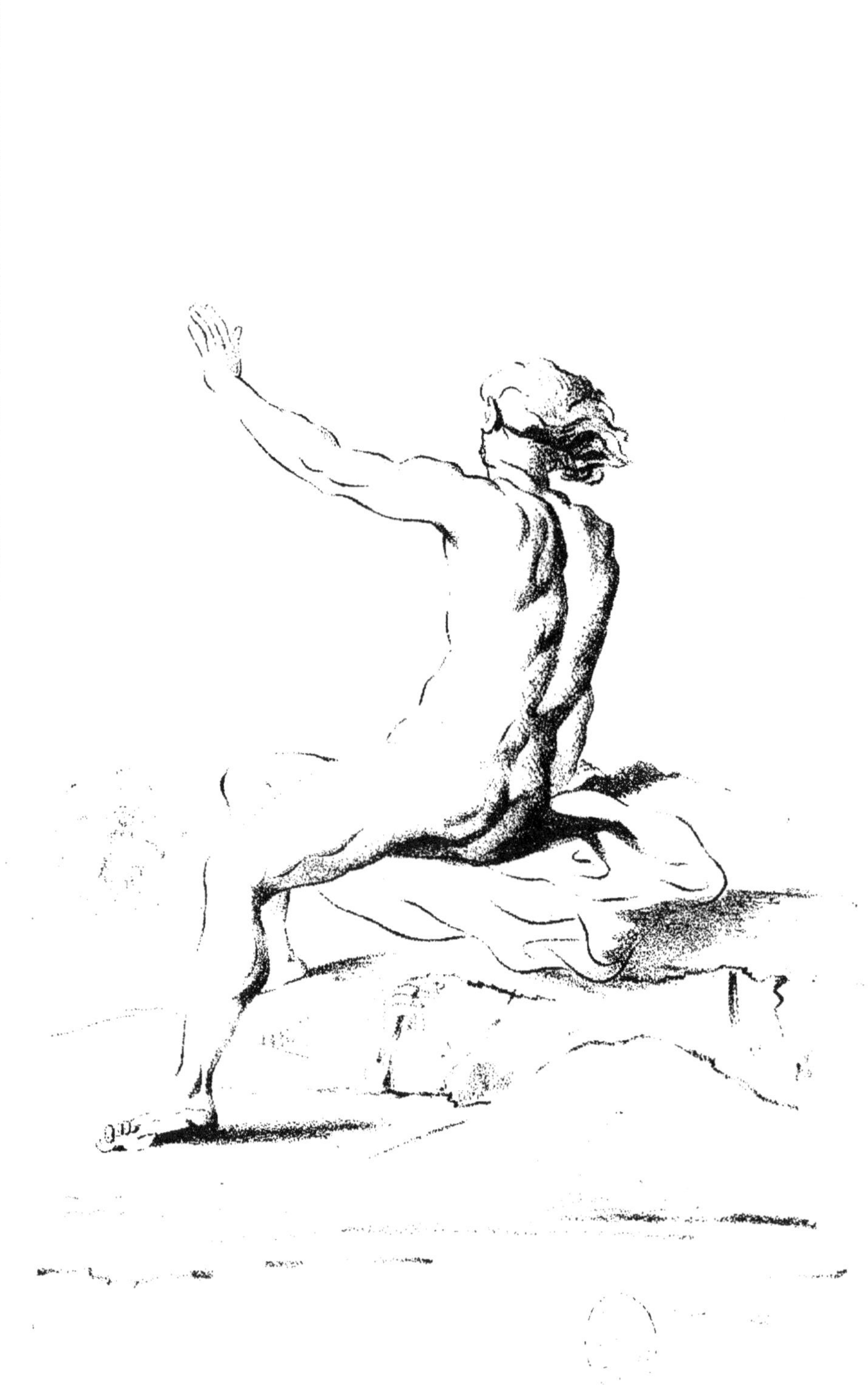

CHAPITRE VIII.

Les 4ᵐᵉ, 5ᵐᵉ et 6ᵐᵉ planches viennent compléter l'ensemble de nos études.

Si vous m'avez compris, chers élèves, si vous avez suivi mes conseils, vous savez maintenant que le maître des maîtres, le seul infaillible et celui auquel vous devez, beaucoup plus qu'à moi, vos progrès, c'est la nature, cette mère si prodigue de ses beautés qu'elle les distribue à ceux qui daignent à peine les désirer.

Si vous avez bien médité sur les inconvénients et les dangers dans lesquels le meilleur des maîtres patentés ou à cachets peut vous

entraîner, vous répéterez encore avec moi :
Point de maître !

Ma route retrouvée, et aidés des principes préliminaires du dessin, nous en déduirons les conséquences et nous explorerons de nouveaux sentiers.

Permets, lecteur, que, surpris de la distance que nous avons parcourue, je m'arrête un instant pour la méditer à l'aise. J'ai exploré les routes frequentées de l'art et je t'ai mis dans la confidence de mes travaux ; je t'ai confessé mes sensations : m'as-tu compris, ami lecteur? mes peines ont-elles trouvé leur salaire ?

O vous, jeunes élèves ! vous qui avez encouragé mes premiers essais, vous qui m'avez permis de continuer une œuvre que je regarde comme régénératrice, m'abandonnerez-vous quand la réussite approche ?..... Non !

Quel que soit le sort de mon livre, je poursuivrai la tâche que je me suis imposée ; et

s'il n'a point de succès, la douce consolation
de me livrer à d'aimables entretiens me récompensera dans le silence de la retraite de
mes labeurs infructueux. Vous saurez aussi,
chers élèves, quels instants précieux l'étude
ravit à l'ennui, souvent même à la douleur.
Vous goûterez, au doux commerce des
muses, le charme mystérieux de la solitude,
vous sentirez que les plaisirs qu'il vous
offre ne sont pas ceux de la tourbe insen-
sée qui ne respire que pour l'or et l'agiot.
Ah ! quand vous serez initiés aux arts, vous
craindrez d'échanger le bonheur qu'ils vous
procureront contre les perfides faveurs de la
fortune ou contre les distractions fades et
menteuses d'un monde corrupteur et cor-
rompu.

Chers élèves ! vos goûts sont encore simples comme la nature; ne les faussez point.
Vous n'avez encore que des affections et des
sentiments purs et généreux ; vos cœurs

ne respirent que la candeur; conservez en vous ces dons qui sont la source du beau et du vrai, et sachez que pour obtenir la gloire et la célébrité il ne faut pas seulement la devoir à ses talents, mais à la noblesse de ses sentiments. Si donc vous avez confiance en vous; si vous vous reconnaissez ce désir de parvenir qui fera votre force, prenez la nature pour maître, le sentiment pour guide, les anciens pour conseils.

En comparant les œuvres antiques avec la nature, on trouve que ces grands artistes l'ont rendue avec tant de vérité, l'ont si bien interprétée, tout en lui conservant sa simplicité, que les peintres modernes, voulant surpasser les anciens, sont à peine dignes de leur être comparés. Quoi qu'il en soit, étudions la nature, mais ne négligeons pas l'antique, car la sience que nous aurons acquise à cette étude, nous rendra plus fort et plus apte à la rendre.

Cherchons le beau idéal : devinons-le par l'interprétation, accusons-le par l'expression, et nos chefs-d'œuvre rivaliseront, s'ils émanent de ces principes, avec ceux de l'art grec.

Peintres de la nature, enthousiastes de la vérité, soyez les propagateurs par votre pinceau de la vertu et de la morale.

Que de génie ne faut-il pas pour utiliser, même quand on les possède, ses facultés artistiques !

Le dessin proprement dit, qui exige tant d'études, ne consiste pas, comme le répètent les méthodes banales et comme on le croit généralement, même en haut lieu, dans une régularité de contours et une habitude de mesures que l'on répète à satiété, mais bien dans le mouvement et l'accentuation des formes. Un peintre peut arriver à une correction froide, insipide et cependant régulière, par une persévérance opiniâtre ; seul, le véritable artiste donnera un cachet de force et de virilité à chacun de ses contours. Une académie, ou figure proprement et soigneusement dessinée, ne sera point parfaite, si elle ne rend l'action et même plus, la pensée qui doit la faire agir. Il faut qu'il m'intéresse, cet homme mannequin; je veux éprouver le fait que je vois représenté.

Si c'est le *désespoir* qui l'accable (comme nous l'indique cette planche 4e), une impression de tristesse et de crainte s'emparera de mon âme. Les cheveux épars annonceront la douleur; son corps penché, son attitude, son geste, me feront deviner l'expression de ses traits, quoique la pose me les dérobe, et rien n'en pourra distraire mon attention. La tristesse se concentre en elle-même et repousse toute consolation : elle recherche la solitude et se plaît à nourrir son mal.

Vous voyez, chers élèves, que l'expression de vos académies ne réside point dans les

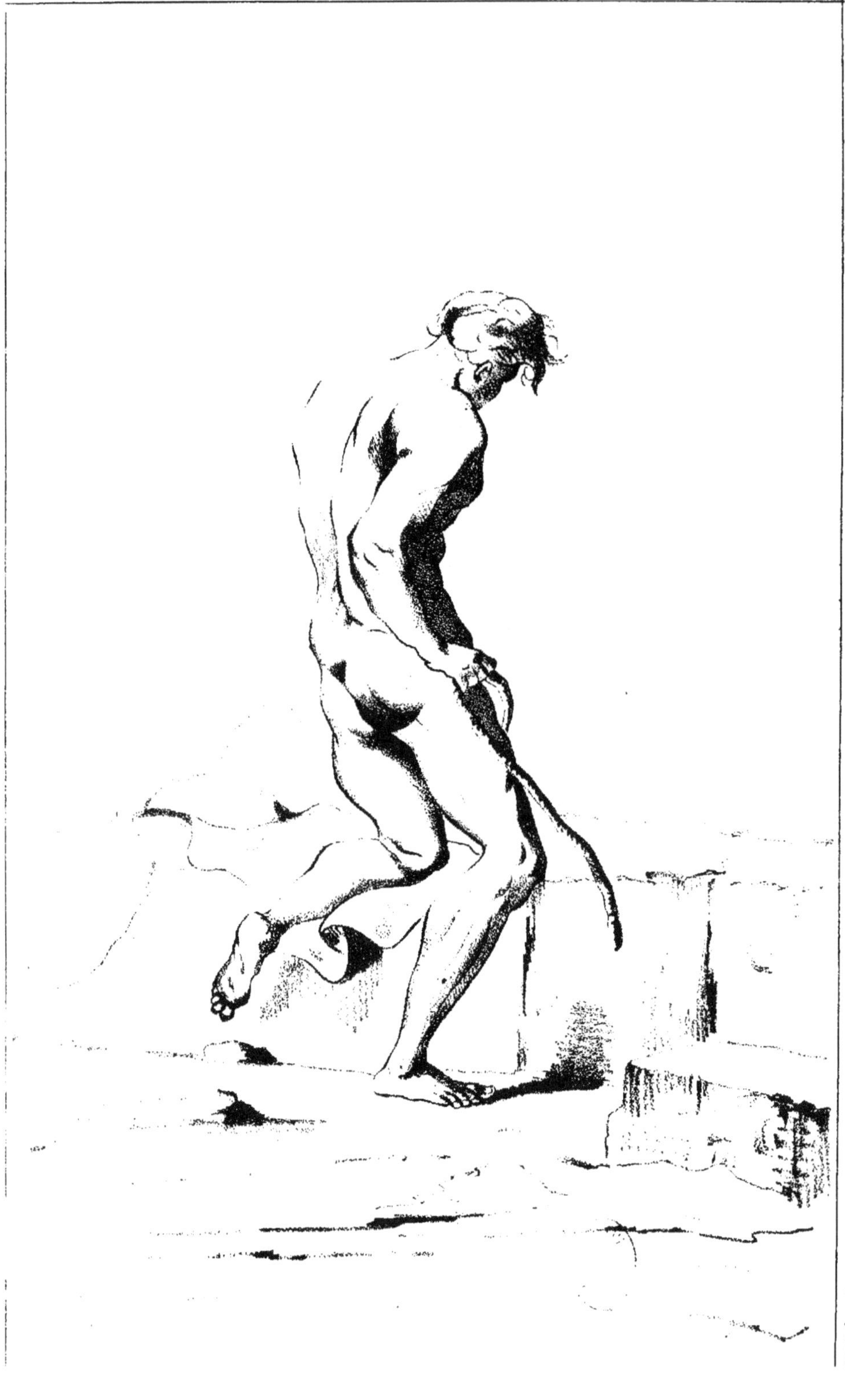

traits du visage, puisque nous ne pouvons les apercevoir, et que cependant l'impression n'en est pas moins réelle.

L'*effort* ne s'exprime pas seulement par les mouvements de la face (planche 5e), comme le célèbre Lebrun et d'autres ont perdu leur temps à le démontrer, mais bien plus par l'attitude du corps et par le geste. Il en est ainsi de toutes les passions qui agitent l'homme. La *frayeur* (planche 6e), qui n'est en effet qu'un sentiment pénible, de même que le désespoir, altère toutes les parties du visage ; le sourcil s'élève, les yeux s'agrandissent, la prunelle égarée se place vers la partie inférieure de l'œil. L'action du corps devient mouvementée et les muscles se crispent ; enfin, dans cette expression, tout s'accentue, s'anime, et ce sentiment poussé à l'excès provoque une si grande tension dans le système musculaire qu'il est presque impossible au meilleur des modèles d'en donner plus qu'une faible idée. C'est au peintre à interpréter le mieux qu'il peut l'à peu près qu'il aura sous les yeux.

Alors, vous créerez votre dessin au lieu de le subir, vous interpréterez votre modèle au lieu de le copier !

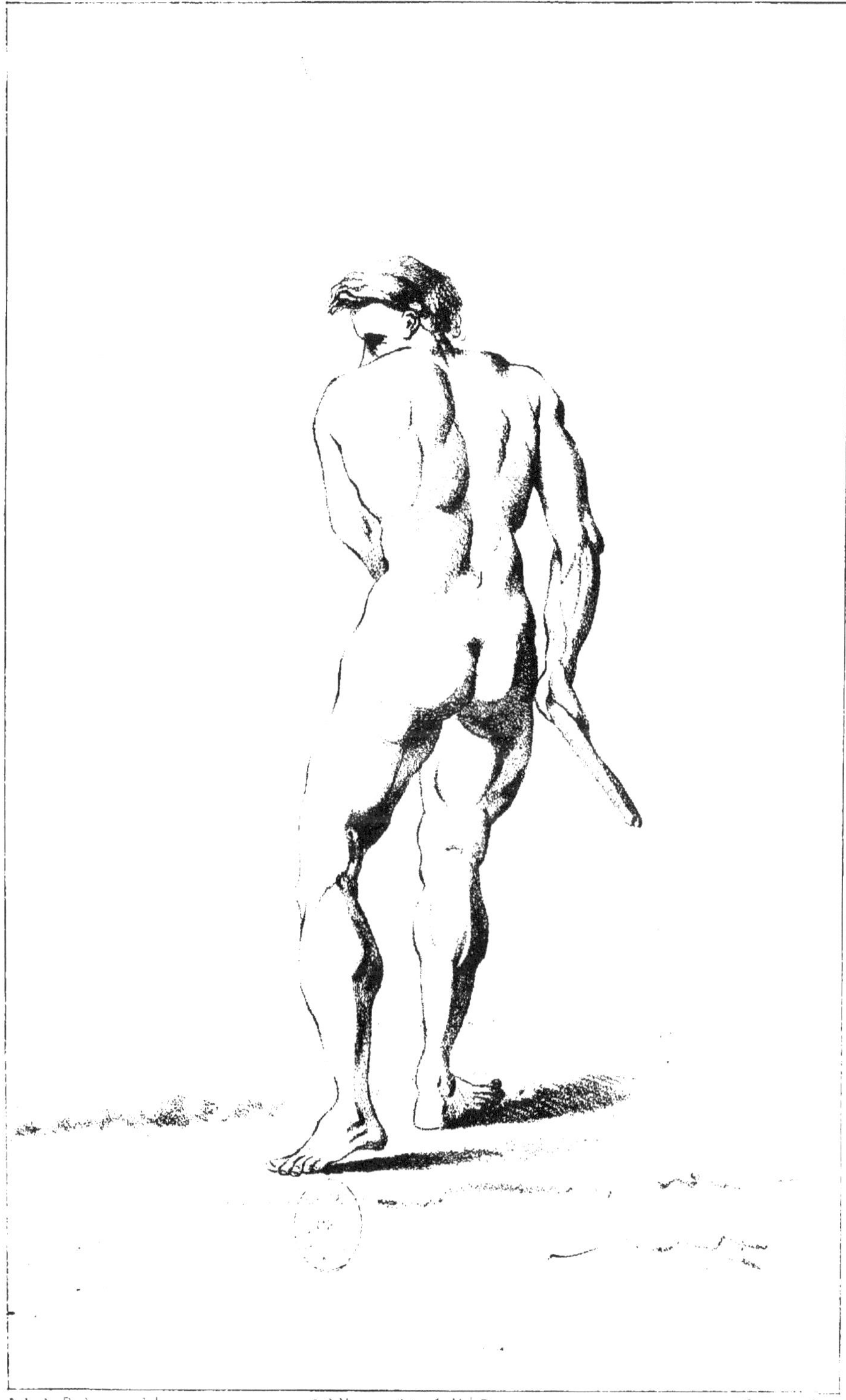

CHAPITRE IX.

Où l'académie de M. Suisse remplace celle des Beaux-Arts.

Si la peinture a pour but de plaire, elle a surtout celui d'émouvoir ; et il ne suffit pas qu'un tableau ne soit que beau, il faut qu'il surprenne la sensibilité du spectateur. Une toile parfaite où rien ne vient détruire la symétrie ni la désespérante régularité ; une œuvre où règne une perfection monotone, émane souvent d'un peintre médiocre, et les défauts d'un artiste bien doué font toujours valoir ses qualités. Titien brille par sa couleur et néglige, comparé bien entendu à l'école romaine, sa ligne et la noblesse de son dessin ; Rubens, ce luxurieux Flamand, inonde ses toiles de lumineux rayons et vient s'enivrer de formes bougeoises; Michel-Ange, le sublime, lui, abandonne les feux follets de la gloire, pour escalader, à l'aide d'un dessin titanesque, les monts élevés de l'immortalité ; Corrége, le gracieux, le peintre le plus complet que Dieu ait créé, allie à une forme noble et grande, élégante et accentuée, une couleur blonde et argentée, puissante et harmonieuse, une teinte éblouissante qui anime ses concerts célestes sans atténuer leurs suaves contours.

Voilà, chers élèves, les modèles que nous vous conseillons, ceux qui guideront le mieux vos longues études. Souvenez-vous, toutefois, que les meilleurs dessinateurs, dans la fausse acception du mot, les plus méticuleux dans leur faire, sont loin d'être les premiers peintres; et même, à la vue des chefs-d'œuvre de l'art, on est presque tenté de croire que les grands maîtres n'ont cherché une exécution soignée que comme l'unique moyen de rendre sensibles les beautés qu'enfantait leur imagination. Cette qualité secondaire, qui consiste dans l'adroite exécution d'un dessin ou académie (puisqu'en ce chapitre nous ne nous occupons que de principes préliminaires), quelque distinguée et savante qu'elle soit dans l'élève, s'il n'est pas doué de cet enthousiasme que nous lui souhaitions naguère et sans lequel il ne peut devenir ni peintre ni statuaire, ne le conduira jamais qu'à devenir un adroit ouvrier, qu'à exercer un honnête métier. Il pourra assurément entreprendre tout ce qui concerne son état, faire le portrait, enseigner le paysage, etc., même peindre la nature morte, vraiment *morte* à s'y tromper; mais jamais, je vous le jure, il n'arrivera à émouvoir; jamais il ne rendra, ne créera, ne sentira, n'inventera cette beauté qui émane de l'univers entier. Quoiqu'un esprit commun puisse, à force de travail, réussir médiocrement dans les arts, jamais il ne suppléera le génie; et quoique toutes les règles soient inutiles à celui qui en manque, j'ose croire que des principes bien établis et des conseils, je ne dis pas des règles, bien fondés, peuvent être aux élèves d'une grande utilité.

On peut rectifier le goût, acquérir le procédé et développer le sentiment; le génie seul est inné !

Les Grecs, convaincus que le génie du peintre est inséparable de celui du poëte, donnaient le nom de beauté poétique à ce qu'ils faisaient de plus parfait.

L'application générale de nos principes du dessin est exempte de préjugés, puisque nous ne sommes d'aucune coterie, ni soumis à aucune férule; soyons donc simples et n'étouffons pas sous un amas de règles les qualités dont l'élève est doué; ne le forçons pas à suivre des routes battues, et préférons son excentricité à la monotonie régulière qui résulterait du professorat.

Si l'élève n'a pas la liberté de penser, comment agira-t-il?... Si professeur il y a, il ne sera plus que copiste, et de peintre qu'il veut devenir, il se réveillera faiseur, plus ou moins intelligent, imitateur servile des défauts du maître, esclave de son procédé; en s'obstinant à suivre régulièrement les leçons du meilleur des maîtres, on étouffe en soi les germes du talent, les qualités dont la nature vous a doués; en s'attachant au char d'autrui, vous anéantirez à tout jamais votre personnalité.

Si vous m'en croyez, chers élèves, vous apprendrez à interpréter le modèle vivant dans des académies libres où le professeur ne sera pas admis; vous suivrez les conseils de la raison et vous ne vous assujettirez pas à la pression des ignorants. Je préfere l'avis du premier venu à celui d'un initié et j'aime mieux la critique de mon valet que celle d'un parvenu ignare.

A l'appui des principes exposés précédemment il m'est indispensable, et mon élève m'en saura gré, de parcourir rapidement les quelques apercus généraux sur les connaissances de l'anatomie qui seront utiles pour l'étude des beaux-arts.

Obligé de résister au désir de m'étendre sur une science qui donnerait un autre but à cette 2ᵉ partie, de plus, qui m'engagerait dans une étude trop compliquée si je devais démontrer tous les avantages ressortant d'un travail aussi sérieux, je me bornerai à décrire rapidement, en attendant le Traité d'anatomie que je prépare, les différentes considérations les plus nécessaires aux peintres et aux sculpteurs.

Mais, avant de nous engager plus avant, il n'est pas inutile, je crois, de rechercher si la méthode adoptée à l'école des Beaux - Arts est la plus avantageuse à suivre.

CHAPITRE X.

Ce qui peut s'enseigner de l'anatomie.

Dans les arts, comme dans la science, la
méthode est le phare qui guide et le lien qui
attache celui qui apprend à celui qui démontre. Si le professeur est bon, ce qui à la rigueur pourrait encore arriver dans les scien-
ces exactes, il multiplie la fécondité de l'élève
et double son intelligence ; mais, l'enseignement faussé, le but est manqué et le principe
inacceptable. S'il faut à l'appui de son raison-
nement donner des preuves, je le puis mieux
que tout autre puisque, ayant moi-même
suivi les cours publics d'anatomie de l'École,

j'ai pu juger la fausse direction des études adoptées.

Il n'est que trop vrai, l'anatomie artistique s'enseigne par des maîtres qui ne sont que savants et pas assez artistes; ils croient leur but rempli en faisant une froide énumération des os et des muscles qui constituent l'organisation animale, et s'occupent peu des diverses formes que cette myologie prend dans les différentes attitudes de chaque fonction. La peinture, considérée dans son ensemble, tient à l'anatomie par des rapports beaucoup plus nombreux; et la structure de chaque sujet, l'effet des passions et les changements continuels de la physionomie sont autant de points qui unissent les beaux-arts à l'anatomie.

Il est donc puéril, je le répète, de se contenter d'une description fastidieuse des muscles qui se dessinent sous la peau et qui changent continuellement d'aspect, si l'on ne voit et n'observe, avant tout, leurs formes et leur caractère dans chaque mouvement du système physiologique. Enfin, on obtiendrait des résultats heureux si, avec la science de rapports qu'il doit connaître, le professeur, à l'aide de données myologiques et physiques, réussissait à faire comprendre aux élèves en en faisant la démonstration sur la nature et les antiques, le bien qu'ils peuvent en retirer. Il décrirait la forme et la signification des apparences extérieures; il comparerait *le Joueur de flûte* au *Germanicus* ou l'adulte à l'homme; il mettrait en parallèle la grâce et la force en animant *l'Apollon* et le *Gladiateur*; il disséquerait *la Vénus de Milo* et la *Minerve*, et à la contemplation de ces chefs-d'œuvre et de leurs constructions anatomiques, il expliquerait les différentes natures, les âges divers et la variété innombrable de formes que les mêmes muscles sont susceptibles de produire.

Cette étude bien comprise est, pour le peintre, le statuaire et en général pour tous les artistes, la plus importante et celle qui doit occuper la première place.

La science du mouvement et son interprétation étant le but, l'anatomie et la connaissance des organes seront le moyen. Ils formeront tous deux un tout qui ne devra jamais être distinct.

Le temps n'est plus où l'art pouvait rester impunément emmailloté et où le professeur se contentait d'enseigner une anatomie descriptive et banale ; le nom des muscles n'est rien, c'est leur action qui est tout. Que me fait qu'un des muscles du bras ou de la poitrine s'appelle deltoïde ou pectoral, si je me borne à en connaître l'insertion sans me rendre compte des différents développements qu'il acquiert dans tel ou tel mouvement? La mort seule n'est point du domaine de l'anatomiste; il doit, en physiologiste habile, décrire les phénomènes vivants. Les travaux du cadavre sont enchaînés aux recherches de la vie, et la connaissance de l'effet ne peut être séparée de la cause qui le produit.

Cette science, chers élèves, basée sur l'observation, ne doit pas être envisagée comme érudition, mais comme principe de l'art. Sans charpente pas d'élévation, sans anatomie pas de dessin. *La structure interne et la forme externe.* Le squelette, sur les os duquel s'attachera le système musculaire, sera la base des nombreuses et importantes phases que subiront les diverses organisations.

Il est assez démontré, je crois, par les lignes précédentes, combien sont imparfaits les cours qui se succèdent chaque année, puisqu'ils ne se bornent qu'à démontrer isolément, et sur un sujet mort, les parties de l'organisme humain, parties qui ne donnent une forme aux corps que lorsqu'elles sont vivantes et animées. Comment, par ce moyen,

un élève peut-il apprendre qu'un membre
en contraction augmente de volume en certains endroits?... Comment saura-t-il pourquoi telle position est plus ou moins naturelle,
telle partie plus ou moins accentuée, si un
maître capable n'est là pour l'instruire? Phy-
siquement, les individus ne se ressemblent
pas plus du jeune au vieux, du maigre au
replet, qu'ils n'ont les mêmes désirs après
un jeûne forcé ou en sortant d'un splen-
dide repas. Les modifications des muscles
abdominaux, par exemple, seront donc su-
bordonnées, dans ce cas, à l'état physique du
sujet. Qu'aura de commun avec cela un cadavre inanimé, et à quoi pourra-t-il nous ser-
vir? Que nous apprendra-t-il?... Rien!... Sauf
les descriptions inutiles de faisceaux de muscles inactifs, et d'amas de viscères affaissés,
de formes qui seront à peine l'ombre d'elles-
mêmes!... L'artiste veut de l'âme, du mouvement, de l'action; que trouvera-t-il?.. la mort!

Que doit faire l'élève, me demanderez-vous, pour se rendre maître d'une science si compliquée, si surprenante de combinaisons? Comment animera-t-il des membres qu'un professeur inintelligent dissèque à ses yeux? En faisant ce que le professeur devrait lui enseigner : en reportant ses observations du cadavre à la nature.

L'élève s'appropriera le fond de la science en se rendant compte des diverses expressions du système musculaire externe et de la physionomie de l'homme; en connaissant l'influence d'un appareil sur un autre, l'action des viscères, les diverses couches musculaires, et les modifications qu'elles expriment suivant leur état pathologique soit au physique, soit au moral.

Terminons et ajoutons que ce serait une grave erreur de penser que la connaissance des organes pris en particulier et isolément, est suffisante pour apprendre aux élèves les

changements nombreux que peuvent éprouver les contours extérieurs.

Maîtres du fond, nous ajouterons la
forme.

CHAPITRE XI.

Dans le nombre infini de choses qui sont
dans ce livre, il se trouvera sans doute plus
d'un lecteur à contredire les idées émises.
C'est qu'elles seront nouvelles, qu'ils ne vou-
dront pas les discuter, ou qu'ils ne les entendront pas dans le même sens que moi, car
je n'ai pas l'esprit désapprobateur. Ce qui me
console, c'est que, de quelque manière que
je puisse m'y prendre, cet inconvénient n'en
existerait pas moins, puisque je parle aux
artistes d'un travail de quinze années, et que
je leur demande en grâce de ne pas me juger

par la lecture d'un moment. Si le lecteur ne trouve pas réellement justes mes idées, ce n'est pas à dire qu'il doive condamner le livre entier, quand il y aurait à la rigueur quelques phrases à retrancher.

Sera-ce les idées qui ne seront pas saines, ou les mots ou termes artistiques que j'emploierai différeront-ils des définitions adoptées jusqu'à ce jour? S'il s'agit des premières, on voit dans le cours de l'ouvrage le principe qui me les fait émettre ; s'il s'agit des termes artistiques que j'emploie, j'avoue humblement qu'il est présumable qu'ils ne les entendront pas dans le même sens que moi. Puis-je, en donnant sous un nouvel aspect toutes idées si sujettes à controverse, me flatter d'avoir et le lecteur que je veux instruire et qui n'est pas encore initié à cette langue toute de sentiment, et l'artiste pour lequel elle varie incessamment? Toutefois, ceci ne m'arrêtera en rien ; car, de même que pour l'anatomie, si la pratique ne nous a défini le principe le terme nous sera de toute inutilité.

S'il est avantageux et nécessaire au véritable artiste de s'éclairer sur l'art, cette instruction est encore plus indispensable aux élèves qui veulent obtenir un rang distingué dans une carrière si difficile.

Après avoir examiné les principales idées reçues et acceptées du public, j'ai vu, dans cette infinie diversité d'opinions émises sur l'art, que la plupart étaient uniquement basées sur la fantaisie et appuyées sur l'erreur ; c'est alors que j'ai voulu poser des règles, et j'ai vu avec bonheur l'opinion générale s'y soumettre ; mes applications diverses n'en seront désormais que les développements, et chaque fait particulier dépendra de l'idée-mère.

Quand j'ai rappelé l'antique, je ne l'ai point prôné comme le faisait l'école de l'Empire à l'exclusion de la nature, mais j'ai cherché à en prendre l'esprit et le style; quand j'ai voulu l'expression, je n'ai point exclu la noblesse; quand j'ai été enthousiaste du mouvement, je me suis épris de la forme.

Je n'ai point tiré mes principes de mes préjugés, mais de la nature de mes impressions. J'ai écrit ce que j'ai vu : *quod vidi scripsi.*

Bien des aperçus ne seront compris qu'après avoir saisi l'enchaînement qui les liait à d'autres. Plus on réfléchira sur les détails, plus on sentira la nécessité des principes; et même j'ose dire que je ne les donnerai pas tous, car qui oserait tout dire sous peine d'affronter l'ennui de son lecteur ?

Je n'ai cherché ni l'esprit, ni ces saillies spirituelles qui font sourire de pitié le penseur; mais aussi j'ai évité le pédantisme savant, et, quoique sérieux, j'ai voulu ne pas être ennuyeux. Si l'on voit les choses d'un point de vue élevé, il est certain que les saillies se perdent, de même que les détails se fondent dans l'ensemble ; c'est donc un livre utile que j'ai voulu faire.

Je le répéterai à satiété : il n'est pas indifférent que le peuple soit instruit. Jadis, j'ai voulu être compris par un homme de bon sens tout court; aujourd'hui j'ambitionne davantage : je veux être accepté de tous. Que me fait d'instruire ceux qui savent !... C'est au peuple que je m'adresse et aux masses que je parle... Les préjugés n'existent plus, ils ne pourront renaître.

Si je pouvais faire en sorte que mon lecteur soit convaincu de mes raisons et les accepte; si je pouvais le persuader et l'initier à cet art mystérieux qu'il pourra goûter; si je pouvais maîtriser sa pensée, l'étreindre, la manier, me l'approprier et lui incarner le fluide artistique qui m'anime, je me croirais le plus heureux des hommes.

CHAPITRE XII.

Où l'auteur se prend à rêver.

Oui, je me croirais né pour cultiver les champs, si je voyais ceux qui instruisent les peuples se guérir de leurs préjugés.....

FIN.

Imprimerie Maclce et Renou, rue de Rivoli, 144.